L'ESPRIT

DES LOIS

CONSTITUTIONNELLES

DE

M. LE DUC DE BROGLIE

PAR

EDOUARD BOINVILLIERS

PARIS

LACHAUD et BURDIN, Libraires-Éditeurs

4, PLACE DU THÉATRE-FRANÇAIS, 4

—

1874

L'ESPRIT

DES LOIS

CONSTITUTIONNELLES

DE

M. LE DUC DE BROGLIE

PAR

ÉDOUARD BOINVILLIERS

PARIS

LACHAUD et BURDIN, Libraires-Éditeurs

4, PLACE DU THÉATRE-FRANÇAIS, 4

—

1874

L'ESPRIT

DES LOIS

CONSTITUTIONNELLES

M. le vice-président du Conseil a tracé devant la commission des Trente les lignes principales de la constitution qui doit être prochainement discutée par l'Assemblée nationale. Avant de pénétrer dans les détails de cette œuvre, il faut apprécier la philosophie politique qui lui a donné naissance.

La France a vécu sous trois espèces de constitution : la monarchie traditionnelle, la monarchie parlementaire et le régime démocratique. Sous des noms divers, et avec des nuances qui se perdent dans l'ensemble, la noblesse, la bourgeoisie et le peuple ont régné tour à tour ; le droit à gouverner souverainement la société a été ainsi reconnu successivement à la naissance, à la richesse, et au nombre.

Le régime féodal disparaît chaque jour chez les peuples modernes ; aussi, la prétention assez naïve des partisans de ce régime est-elle d'en répudier l'esprit tout en nous conviant à accepter son personnel ; ils veulent confier la barque à un noble pilote et lui prescrivent de naviguer sur les mers révolutionnaires.

C'est là un rêve et un contre-sens.

Le droit divin du chef de l'État et le Code Napoléon ne sont pas faits pour vivre ensemble.

Il n'est besoin ni de gros mots, ni d'argumentations savantes pour expliquer cette incompatibilité absolue.

Le peuple français, pris dans sa masse, est devenu propriétaire du sol, autrefois féodal; il n'a, par conséquent, aucun goût pour une époque où il n'était pas propriétaire et pour un régime qui représente cette époque.

Sous l'écorce de toute grande question politique, on trouve une question de propriété : tant que la controverse publique n'attaque que l'écorce, les masses restent indifférentes, mais si on la dépasse, elles s'irritent, se lèvent et se préparent au combat. Assis tranquillement sur son champ, le paysan laisse passer les orages politiques; il compte sur Dieu, qui règle invariablement les saisons, et sur son bras, qui travaille la terre; mais s'il voit arriver au pouvoir des hommes de *l'autre temps,* il devient méfiant, il perd son respect habituel et facile pour toutes les supériorités sociales, il ne recherche plus son préfet, sa place accoutumée à la messe reste vide le dimanche, et ce conservateur modèle passe bientôt dans les rangs des opposants les plus ardents.

Ne reste-t-il donc aucune espérance de dissiper ce que les vrais croyants appellent un malentendu ?

Si le paysan voyait de ses yeux la saine pratique des légitimistes; si sous leur règne la propriété et son mode de transmission étaient respectés, si le noble devenait citoyen, si le prêtre se confinait plus que jamais dans sa besogne sacrée, si le suffrage universel était reconnu, des faits aussi considérables ne pourraient-ils rien sur ces esprits abusés ?

Rien au monde! car le peuple qui comprend un Roy le premier des nobles, et un Empereur le premier des citoyens, ne comprendrait pas Henri V, roi de France par la grâce de Dieu et la volonté nationale; cette volonté nationale, c'est le symbole de la révolution, et s'il s'agit d'une tâche révolutionnaire, il préférera toujours pour l'accomplir les princes qu'il a choisis lui-même, dans ce dessein, à ceux qui l'ont jusqu'ici combattue.

M. le duc de Broglie, un instant séduit par la monarchie légitime, n'a pas tardé à s'apercevoir qu'elle n'avait aucune chance de reparaître dans notre pays, et, en homme pratique, il l'a abandonnée; il revient aujourd'hui à sa première, à son unique passion : le régime parlementaire.

La constitution parlementaire est, chez nous, une importation de date récente; spécialement inventée pour les nations qui ont conservé une aristocratie, elle paraît moins à sa place en France que dans tout autre pays : si la Restauration l'a mise en pratique, c'est, nous a dit M. Guizot, non parce qu'on la jugeait bonne, mais parce qu'on n'avait rien d'autre sous la main. Depuis, on a essayé de transformer en doctrine ce pis-aller constitutionnel, et la bourgeoisie a naturellement hérité du rôle de classe dirigeante que ce mécanisme suppose et qu'il réserve d'habitude à la classe privilégiée.

Assise sur la base trop étroite du régime censitaire, la bourgeoisie eut à défendre son drapeau tantôt contre les aristocrates, tantôt contre les gens d'en bas. Quand elle est vivement pressée par les premiers, elle tonne contre le droit d'aînesse, et pour mieux marquer la distance qui la sépare de ses adversaires, elle se pare de la redingote grise du grand capitaine et passe des revues au pied de la colonne; en haine des grands colléges et des électeurs à 300 fr., elle songe à abaisser le cens, et parle d'admettre les capacités ; le gouvernement lui-même chante la *Marseillaise* et la *Parisienne* et ne trouve pas mauvais que ses partisans fassent montre de leur incontestable libéralisme en se présentant aux bals de la cour en bottes fortes et en pantalon douteux. C'est la période du roi-citoyen.

Quand la bourgeoisie, au contraire, est inquiétée par le peuple, et qu'en raison de la faiblesse inhérente à son principe, elle a dû combattre les brouillons et les malfaiteurs, elle se sépare avec éclat de la *vile multitude*, elle a horreur de la tyrannie du nombre ; elle revendique avec passion la part naturelle qui revient aux lumières, à la *capacité*, aux *intérêts:* elle s'indigne d'être la victime de ces gens ignorants, qui ne penseraient jamais d'eux-mêmes à choisir leurs hommes d'État au sein de l'Académie. Alors on courtise le beau monde, autrefois délaissé, et on trône à Versailles en escarpins et en bas de soie dans le palais du grand roi. C'est l'ère des ducs.

Le premier d'entre eux, M. le vice-président du Conseil, a fait sa profession de foi à la commission des Trente, dans les termes suivants :

« Pour que le pouvoir législatif ait une action véritable sur le pays, il faut qu'il repose sur une large base populaire. Il faut que le nombre des électeurs dont il émane soit très-considérable. Cela est vrai, même dans une nation aristocratique comme l'Angleterre ; dans un pays démocratique comme le nôtre, cela est plus nécessaire encore. Aussi avez-vous maintenu avec de très-légères et de très-raisonnables restrictions, le suffrage universel à la base de votre première assemblée politique.

« La conséquence, c'est que, si cette assemblée reste seule la source de tout pouvoir législatif, vous n'aurez en réalité d'autre principe de gouvernement que le nombre. La source, la base, le fondement de toute loi, ce sera la volonté de la majorité des citoyens valides et non déchus par incapacité judiciaire de leur droit politique. C'est le nombre, le nombre seul qui fait loi.

« Or, le nombre, le nombre seul, la majorité plus un des citoyens doit-elle décider à elle seule des destinées d'un pays ? N'y a-t-il pas, à côté de la majorité numérique, qui a ses droits, d'autres droits, d'autres intérêts, d'autres influences qui peuvent réclamer leur part dans le gouvernement d'une grande nation ? Il faut avoir le courage de parler franchement : si le nombre, et le nombre seul, est appelé à faire la loi, ni les lumières, ni l'expérience, ni la capacité politique, ni les services rendus, ni l'illustration acquise, ni enfin le grand intérêt de la propriété, qui alimente le travail et soutient la richesse d'un grand pays, n'auront, au grand détriment de la chose publique, la part légitime qui leur revient dans le gouvernement.

« Quoi qu'on fasse, quelque diffusion qu'on donne à l'instruction populaire, le nombre, le grand nombre des citoyens n'aura jamais ni les lumières, ni la capacité que peut donner la science au petit nombre à qui le bonheur d'une position privilégiée a permis de passer de longues années à compléter leur éducation. Ce qu'on appelle proprement la capacité ne sera jamais le partage du plus grand nombre.

« Le plus grand nombre n'aura jamais non plus, quoi qu'on fasse, l'expérience que donne la pratique des affaires, et les connaissances qui s'acquièrent par de longs services. Enfin, quelle que soit heureusement la diffusion de la propriété dans notre société, jamais les grands capitaux, jamais la grande propriété, dont la concentration est nécessaire pour le grand développement de la richesse publique, ne seront le partage de la majorité numérique des citoyens; il s'ensuit qu'en donnant au nombre, à la majorité numérique seule, le droit d'être représenté dans les conseils législatifs, on court le risque de voir sacrifier brutalement tout ce qui fait l'élite, l'éclat et la force du pays ! »

* *
*

Donc, le *nombre* est détestable.

Il est vrai que M. le duc de Broglie se défend vivement de vouloir porter atteinte au suffrage universel, mais comment concilier cette prétention avec la répulsion également vive et si longuement motivée qu'il éprouve pour le nombre? Qui ne veut pas du nombre repousse évidemment le suffrage universel! M. le duc ne l'admet que dans un cas, lorsqu'il s'agit de la Chambre basse, et encore regrette-t-il amèrement qu'on n'ait pu le remplacer par la représentation des intérêts !

Est-il possible, raisonnablement, de prétendre conserver le suffrage universel, lorsqu'on retranche trois à quatre millions d'électeurs sous prétexte d'âge et de domicile, et que, dans ce qui reste, on s'efforce de faire prévaloir partout les *intérêts* et la *capacité*, c'est-à-dire la richesse et la position sociale?

Qu'y a-t-il donc de vrai dans cette doctrine, qui compte jusqu'ici plus de docteurs que de disciples? Frappés, à trop juste titre, des progrès du radicalisme, nos législateurs ont-ils donc raison de lui opposer les classes riches et éclairées, en leur conférant une puissance politique privilégiée?

Ils n'ont pas raison : en France, le *nombre* seul est conservateur; les *capacités* et les *intérêts* sont révolutionnaires!

Cette double vérité s'appuie sur des faits incontestables.

Dans nos grandes assises populaires qu'on nomme plébiscites, le nombre s'est constamment montré conservateur, en préférant invariablement l'Empire à la République ; l'Assemblée nationale actuelle, malgré des circonstances exceptionnellement critiques, créa la majorité du parti conservateur. Tant que l'Empire est resté fidèle à sa grande origine, les élections ont constamment donné un avantage considérable au même parti, et cela par les choix que faisait le *nombre*, qu'il s'agît du Corps législatif, des conseils généraux ou des onseils municipaux. La société, frappée d'un spectacle aussi grand et aussi rare dans notre pays, s'inspirait de cette conduite édifiante, et entourait de respects tous les représentants de l'ordre : le prêtre, le soldat, le magistrat étaient vénérés et obéis ; la police était facile alors, on n'avait besoin que d'un sergent de ville là où il en faut quatre aujourd'hui ; comme le bon exemple est heureusement aussi contagieux que le mauvais, toutes les supériorités sociales, de naissance, de richesse et de talent, trouvaient dans la masse du peuple les égards qui leur sont légitimement dus.

Pendant près de quinze ans, on peut l'affirmer, c'est l'esprit conservateur qui a dominé et prévalu en France sur l'esprit révolutionnaire ; c'est au *nombre* qu'on en est redevable.

Le régime censitaire, c'est-à-dire le régime des *intérêts* et des *capacités*, n'a jamais amené que des choix dont le parti conservateur n'a pas eu à se louer : ce régime a toujours descendu rapidement cette pente libérale qui mène au désordre. On a dit que le parlementarisme n'a jamais été que l'antichambre de la République, et on a dit vrai.

On trouve facilement la cause de ce fait, assez bizarre au premier abord, en réfléchissant que la classe bourgeoise, que l'on voudrait installer de nouveau au pouvoir, n'a pas et ne peut avoir les qualités nécessaires à toute classe dirigeante.

Diriger, c'est avoir un but, du courage et de l'esprit de suite pour l'atteindre ; c'est poursuivre ce même but pendant plusieurs générations d'hommes, et exiger de tous le ouvriers attachés à la machine publique des efforts dirigés dans le même sens, et dont les effets s'accumulent lentement pendant une longue période de temps : espérer une pareille conduite d'une classe qui, à chaque génération, doit refaire sa fortune personnelle, et dont, par conséquent, l'éducation ne peut pas être politique, d'une classe qui n'a et ne peut avoir aucune fixité dans les idées gouvernementales, parce qu'elle n'a pas de privilége de naissance qui, en perpétuant la richesse dans les mêmes familles, y conserve par suite les mêmes sentiments, c'est aller contre la force même des choses !

La pente naturelle du cens, ou de la doctrine des *intérêts* et des *capacités*, c'est la révolution !

Cette doctrine repose d'ailleurs sur une erreur absolument matérielle, et si elle fait encore quelques dupes, c'est grâce à une équivoque, grâce à un véritable jeu de mots.

On confond l'*intérêt* qu'un citoyen peut avoir à conserver ce qu'il a, avec ses *intérêts* entendus dans le sens de sa richesse ; on confond les *capacités* d'un électeur, c'est-à-dire son éducation et son intelligence, avec la faculté et le goût qu'on lui suppose de gouverner dans le sens conservateur ; un bachelier, un normalien, un membre de l'Institut sont assurément des *capacités ;* un vigneron de la Bourgogne ou un laboureur de la Beauce ne sauraient prétendre à ce titre ; mais si les premiers ont la passion de l'opposition à un degré égal à la passion de conservation qui anime les seconds, ce sont ces derniers qui seront les vrais conservateurs. En avantageant ceux-là au détriment de ceux-ci, on va donc précisément contre le but que l'on poursuit.

M. le duc de Broglie recherche dans l'électeur des qualités qu'il n'y trouvera pas, et comme il constate très-facilement qu'un paysan ne sera jamais dans le cas d'avoir un avis éclairé sur les mérites comparés de l'impôt proportionnel et de l'impôt progressif, sur la question d'Orient et sur la conduite à tenir vis-à-vis de Rome, il en conclut très-faussement que cet électeur est inhabile à remplir son mandat. L'élection n'a pas pour but de résoudre directement ces questions délicates, elle se borne à amener sur la scène politique, soit un député conservateur, soit un député de l'opposition; réduite à ces termes, qui sont les seuls vrais en tout temps, par tous pays, sous quelque régime électoral que l'on vive, le plus humble des citoyens est très-apte à rendre le service qu'on lui demande.

On ne saurait trop le répéter: on peut être *capable* aussi bien en résolvant une question politique dans le sens gouvernemental et conservateur, qu'en lui donnant la solution réclamée par l'opposition. On ne cesse pas d'être *capable* parce qu'on préfère l'impôt progressif à l'impôt proportionnel, parce qu'on préfère le pape spirituel au pape temporel, mais on cesse d'être conservateur.

Le paysan est disciplinable et désintéressé; le lettré est incapable de discipline et a de l'ambition; de son vote, le laboureur n'attend ni place ni gloire, il ne demande que la sécurité; le lettré, le *capable*, l'homme aux *intérêts,* peut avoir une tendance naturelle à voter pour des amis puissants qui sauront à leur tour le remercier de son appui, et il n'a garde d'oublier, dans la recherche de ses amitiés, que le chemin de l'opposition, en France, mène plus vite au pouvoir que la voie conservatrice.

Dans notre société, où toutes les ambitions sont autorisées aussi bien par la loi que par les mœurs, où les portes des ministères s'ouvrent toutes grandes au citoyen de la condition la plus humble, c'est un péril constant que de confier exclusivement la direction politique à la classe censitaire; la nation n'est plus alors préservée et conduite par une collection *d'intérêts,* mais jetée en pâture à une collection *d'appétits.*

Le *nombre,* c'est la suprématie donnée aux masses agricoles et enlevée aux masse urbaines.

Le *nombre,* c'est le vote disciplinable et désintéressé s'imposant aux fantaisies multiples et aux calculs ambitieux de la classe censitaire.

Le *nombre,* c'est la richesse, fille de la sécurité.

Le *nombre,* c'est la protection assurée aux châteaux qui le dédaignent.

Le *nombre,* c'est de proche en proche la mise en lumière et l'autorité accrue de toutes les forces conservatrices de la société;

Donc le *nombre* est le triomphe de l'esprit conservateur sur l'esprit révolutionnaire!

*
* *

Cependant cette théorie consolante pour l'avenir ne donne, dit-on, aucun moyen de sortir des embarras présents. Sans doute, sous l'Empire le nombre était conservateur, mais il est évident qu'il n'en est pas de même sous la République (ce qui prouve, entre parenthèses, que l'on ne fait pas ce qu'on veut du suffrage universel)! C'est parfaitement vrai! et il faut ajouter que le résultat serait exactement le même avec tout autre système électoral; on aura beau entasser *intérêts* sur *intérêts*, *capacités* sur *capacités*, on n'arrivera jamais à élever une barrière sérieuse contre l'envahissement des mauvaises pensées républicaines.

Toute élection, en effet, est un contrat synallagmatique entre l'électeur et le gouvernement; si l'une des parties ne remplit pas ses engagements, il est naturel que l'autre en fasse autant. Sous la présidence de l'honorable M. Thiers, le gouvernement ne présentait au *nombre* que des républicains, le *nombre* s'abstenait; sous la présidence de l'honorable M. Mac-Mahon, on ne lui propose que des logogriphes, des conservateurs tout courts qui ne savent pas dire ce qu'ils veulent conserver; il hésite encore à répondre, **car** il ne sait pas ce qu'on lui demande.

On n'aura désormais de bonnes élections qu'avec un gouvernement solide et définitif: le mal vient d'en haut et non d'en bas; la toiture de notre maison est défoncée, et l'eau y entre : au lieu de balayer piteusement le sol inondé, il vaut mieux querir le maçon.

*
* *

Notre théorie du *nombre*, qui diffère si absolument de celle qu'a exposée M. de Broglie, peut bien n'être pas du goût du lecteur à qui j'ai l'honneur de parler.

Peut-être se rappelle-t-il de nombreux échecs pendant la grande et vraie période de l'Empire, et ce souvenir peut l'encourager à croire que le *nombre* n'est pas suffisamment perspicace, qu'il a oublié tout au moins une capacité incontestable. Je le concède volontiers, mais qu'à son tour mon lecteur, autrefois si maltraité et aujourd'hui si favorisé, avoue que ce n'est là qu'une exception.

Je ne veux pas me rappeler malhonnêtement l'expression pleine de surprise et de désappointement de ce parlementaire repenti, à la vue de ce que contenait ce célèbre boisseau qui servait, sous l'Empire, à cacher les lumières politiques de ses adversaires. Non, j'aime mieux m'adresser à ces adversaires eux-mêmes, à leur esprit, et ils en ont beaucoup, et leur demander de faire la comparaison entre les maires, les sous-préfets, les préfets et les ministres d'avant et d'après 1870 ; j'accepte leur verdict.

*
* *

Si la philosophie politique de M. le duc de Broglie l'attire vers une constitution qui est un véritable contre-sens historique en même temps qu'un défi jeté aux instincts démocratiques de notre pays, il ne paraît pas avoir été plus heureux dans la construction même de son édifice.

Cependant, appréciant avec une aimable modestie son œuvre ébauchée, il y jette, en se reculant, un regard satisfait : « Nous croyons, dit-il, que moyennant cet ensemble de dispositions, nous aurons donné à la France ce qu'elle attend avec impatience, l'organisation légale du gouvernement qu'elle a fondé le 20 novembre. Nous croyons qu'à l'abri de cette organisation, garantie pour une longue période de temps, la France industrielle et laborieuse peut se livrer aux travaux de la paix et réparer les maux de la guerre... Si le pouvoir septennal n'a qu'une durée limitée, en revanche il garde l'avantage de pouvoir réunir autour de lui les bons citoyens de tous les partis, sans leur demander de renier leurs convictions, ni même de s'imposer une hypocrisie de langage qui les déconsidérerait sans tromper personne ; elle maintient, en un mot, cette trêve des partis dont on médit trop aujourd'hui, qui n'empêche pas, il est vrai, les dissentiments de se produire et même souvent d'éclater au dehors avec vivacité, mais qui a pourtant permis et permet encore tous les jours à l'Assemblée de procéder, avec le concours de tous les gens de bien, aux grandes opérations patriotiques qu'elle doit accomplir. »

A notre humble avis, il est difficile d'accumuler en si peu de mots un plus grand nombre d'erreurs.

Passons, en souriant, devant certaine hardiesse de langage où l'on montre la France fondant le gouvernement du 20 novembre et attendant avec anxiété l'œuvre de M. le duc, pour se livrer aux travaux de la paix. Mais arrêtons-nous à la prétention de représenter le septennat comme la trêve des partis !

C'est là, monsieur le duc, une plaisanterie bien cruelle pour le parti conservateur.

Est-il vrai que vous vous proposez d'empêcher les

partis monarchiques de préparer la réalisation de leurs vœux par tous les moyens politiques dont ils disposent encore aujourd'hui : la presse, le pétitionnement, les manifestations publiques?

Oui, dites-vous!

Est-il vrai que cette interdiction constitue, *ipso facto*, et quel que soit d'ailleurs le nom que vous donnerez au septennat, l'établissement de la République?

Oui!

Eh bien, alors, ne parlez plus de trêve des partis; vous, monarchiste, vous établissez la République; voilà la vérité!

Peut-être entendez-vous le mot *trêve* comme vous entendiez le mot *nombre;* ce sera une petite trêve, comme c'était un petit nombre; ce ne sera pas même cette trêve-là, ce sera une hostilité ouvertement et franchement déclarée; qui dit trêve veut dire respect et protection pour tous, or votre œuvre aura pour effet de nous désarmer; qui a trêve conserve et proclame son espérance, et vous n'en tolérerez aucune.

Vous souriez, monsieur le duc, et vous pensez à part vous qu'il y en a au moins une que vous tolérerez; erreur nouvelle: aussitôt que vous aurez établi la République, peut-être même avant, elle se montrera fort ingrate, et vous rendra, vous aussi, à vos « chères études. » On ne violente pas impunément la nature des choses; ce sont les républicains que vous appelez dans le temple : ils ne vous y souffriront pas!

D'ailleurs, dans le cas où M. le vice-président du Conseil réussirait, contre toute prévision, à laisser respirer les partis, en organisant leur mort: lors même qu'il parviendrait à gouverner de nouveau, comme on l'a fait depuis quatre ans, avec un personnel panaché, tirant la corde de quatre côtés différents, avec des préfets et des ministres qui n'ont de commun que la haine mutuelle qu'ils se portent ; quand on continuerait enfin cette trêve des partis qui va finir avec le vote des lois constitutionnelles, que ferait-on autre chose que de prolonger ce détestable provisoire dont personne ne veut plus ?

Sans doute, quand on a sous ses pieds un pays aussi riche que le nôtre, on peut, malgré le provisoire et non à cause de lui, payer ses dettes, mais on ne refait pas l'épargne publique ; on vit sur le passé, on ne sème plus pour l'avenir. Il n'y a pas une organisation que ce provisoire ait permis d'achever, pas plus l'armée que le conseil d'État, pas plus la magistrature que la presse, pas plus la loi départementale que la loi municipale ; tout est resté en suspens, à moitié bâti, se modelant expressément sur le caractère spécial du gouvernement et restant provisoire comme lui.

Les organisations définitives sont filles des gouvernements fondés.

Avec un homme aussi considérable que vous, monsieur le duc, il est inutile de s'appesantir sur un pareil sujet. Vous vous êtes trompé en croyant rester dans le provisoire, tandis que vous allez être envahi par le définitif républicain, mais vous savez mieux que nous que le provisoire ne peut rien.

*
* *

M. le duc de Broglie laisse certains détails d'une haute importance dans une obscurité qui est peut-être volontaire : essayons cependant d'y pénétrer. « Une élection générale tout entière, dit-il, peut être dominée par un entraînement irréfléchi du suffrage universel ; il peut être nécessaire au chef de l'État d'en appeler du peuple égaré au peuple mieux informé ; une détermination de ce genre ne devrait être prise que d'accord avec les notabilités du pays, dont la seconde Chambre serait le rendez-vous ; nous vous proposerons donc probablement de partager le droit de dissolution entre le pouvoir exécutif et l'une des branches du pouvoir législatif. »

Il résulte assez clairement de ces lignes que la Chambre actuelle n'a plus de longs jours à vivre, et sans qu'on le dise expressément, on s'occupe des moyens de la dissoudre et de la remplacer : ce n'est en effet un mystère pour personne que l'Assemblée aura fait son testament en votant les lois constitutionnelles, et qu'elle se suicidera en ne les votant pas ; que dans aucun cas, d'ailleurs, elle ne peut coexister avec la haute Chambre. Elle doit donc disparaître prochainement, et cette nécessité à laquelle chacun va être obligé de se soumettre rend également inexplicable l'ardeur que la gauche montre pour la dissolution et la passion de la droite à n'en pas vouloir.

Cependant, comme il est toujours désagréable d'annoncer à un galant homme qu'il faut songer à sa fin,

M. le duc paraît ne s'occuper que d'une chambre hypothétique, dont l'arrivée ne comporte pas de date précise. Il va de soi, pourtant, que lorsque le Sénat et le chef de l'État seront armés du droit de dissolution, ils l'exerceront naturellement contre l'assemblée présente, avant de sévir contre les assemblées futures.

Or, remarquez bien que le président de la Chambre haute est élu, selon les prévisions constitutionnelles, par les membres mêmes du Sénat et non par l'Assemblée nationale; prenez garde aussi aux pouvoirs considérables que la constitution nouvelle lui confère, et vous serez bientôt convaincus que ce personnage est destiné à être le pivot même de la situation dans laquelle nous allons entrer.

En effet, s'il n'est que vice-président de la République, il reste le chef élu de la Chambre haute, alors que l'illustre duc de Magenta ne sera plus que le représentant d'une majorité évanouie; si ce dernier a le droit de dissolution, ce n'est qu'un droit égal à celui de son inférieur hiérarchique; il y a plus, ce personnage est non-seulement le remplaçant prévu du président, en cas d'empêchement ou de mort, il est encore le souverain maître de la situation à l'expiration naturelle des pouvoirs confiés à M. le maréchal; c'est ce que proclame très-clairement le discours que nous analysons. « Vous jugerez, messieurs, si la solide institution des deux Chambres ne vous ouvre pas une voie naturelle pour faire face à ces deux éventualités (l'empêchement du président ou la fin régulière de ses pouvoirs); il semble en effet que, dans l'une comme dans l'autre, le président de l'une des deux assemblées pourrait

être investi par intérim du droit du pouvoir exécutif, jusqu'à ce que les deux corps réunis eussent
statué sur la vacance et pourvu à toutes les nécessités de la situation. »

. Donc, dans l'hypothèse où M. le duc de Broglie aurait un candidat à ces hautes fonctions, et il est difficile
de croire qu'il n'en ait pas un, dans l'hypothèse pro-
longée où ce candidat serait monseigneur le duc d'Au-
male, on aurait réussi à rendre ce personnage le
véritable arbitre des destinées de la France, sans avoir
consulté ni le pays, ni la Chambre. Les députés favo-
rables ne seraient peut-être pas assez nombreux, et
le *nombre* pouvant manquer de convenances envers
un duc princier, on s'est passé d'eux.

Cette grosse affaire a été menée, comme on vient de
le voir, avec une adresse qui fait le plus grand honneur
à l'esprit de M. le duc de Broglie. Impossible de faire
pressentir des résultats plus importants sans se com-
promettre en les avouant ; impossible de marcher d'un
pas plus discret et plus agile à travers les difficultés
sans nombre d'une situation fort tendue, et si personne
ne vient à la traverse, il arrivera radieux et vainqueur
à ce dénoûment depuis longtemps cherché !

Ne marchandons pas les compliments, c'est une
comédie politique des mieux réussies.

* *

Un grand historien a dit que lorsque le code d'un
peuple est très-vertueux, c'est que le peuple ne l'est
guère, et que si l'un renferme, par exemple, de nom-
breuses prescriptions contre le vol, c'est que l'autre est
voleur.

Cette vérité historique pourrait bien trouver son application dans les circonstances présentes, et j'imagine qu'on ne nous répète avec tant d'abondance que le septennat vivra sept ans, que dans la crainte de trouver le public rebelle à cette rassurante perspective.

M. le duc nous dit à chaque alinéa de son discours : « La loi du 20 novembre nous oblige tous ! — Une loi spéciale n'est pas nécessaire pour régler les attributions dont jouira pendant sept ans, en vertu de la loi du 20 novembre, M. le maréchal Mac-Mahon. — Telle sera l'organisation à peu près complète du pouvoir que la loi du 20 novembre confère à M. le maréchal Mac-Mahon et dont l'Assemblée a, par une décision sur laquelle elle s'est interdit à elle-même de revenir, fixé la durée à sept années. — Nous croyons pouvoir vous dire que c'est dans ces conditions que le maréchal Mac-Mahon comprend lui-même, et qu'il est décidé à remplir jusqu'au bout pendant toute la durée de son mandat, la tâche que la France lui a confiée. »

Cette persistance à présenter sous l'aspect d'un axiome indiscutable, un simple théorème qui aurait besoin de démonstration, n'a pas la vertu de changer la nature des choses.

Il est bien entendu que la loi votée a fixé la durée des pouvoirs de M. le président de la République, il est bien entendu que l'Assemblée s'est lié les mains à ce sujet, quoiqu'il reste inexplicable que cette Assemblée, souveraine jusqu'au 20 novembre, ait cessé de l'être depuis cette époque ; mais quelque respect que l'on professe pour la loi et pour la personne de M. le maréchal Mac-Mahon, l'esprit le plus conservateur, le plus désireux de voir se réaliser les espérances de M. le duc de Broglie ne peut se défendre d'une appréhension persistante : si, par hasard, les membres de l'Assemblée qui n'ont pas voté la loi du 20 novembre, augmentés de quelques recrues radicales, augmentées encore de quelques votants de la majorité qui auraient changé d'avis, venaient à poser de nouveau la question, et la résolvaient dans un sens contraire à celui qui a prévalu le 20 novembre, que ferait-on ? Suivant M. le duc, l'Assemblée agirait sans droits, mais enfin, si elle agissait, qui oserait mettre la main sur elle ?

Et ce *si* est fort inquiétant.

D'ailleurs, l'Assemblée a toujours à sa disposition un moyen de tourner la position : elle n'a qu'à refuser au maréchal, dans le cours de la discussion des lois constitutionnelles, une prérogative qui lui semblerait indispensable, on le forcerait ainsi à donner sa démission, et l'Assemblée rentrerait par une porte de côté dans la plénitude de son droit constituant.

Et ce *si* est encore fort inquiétant.

Que M. le duc veuille bien nous donner quelque bonne raison qui nous rassure contre ces fâcheuses éventualités, cela vaudra mieux que de nous affirmer sèchement qu'il est rassuré et que tout le monde doit partager sa confiance.

*
* *

En résumé, lorsqu'il a rédigé sa constitution, M. le duc de Broglie s'est inspiré du régime parlementaire, qui ne répond ni aux nécessités permanentes du pays, ni aux pressante= exigences du temps actuel.

Ce régime suppose une loi électorale censitaire, et il a été logique en opposant, partout où il l'a pu, les *intérêts* et les *capacités* au *nombre*.

Cette recherche l'a conduit à un but absolument opposé à celui qu'il poursuit, car il n'y a de conservateur en France que le *nombre*, les *intérêts* et les *capacités* étant toujours révolutionnaires de fait sinon d'intention.

N'ayant pas su deviner que les erreurs qu'il reproche à l'électeur d'aujourd'hui viennent du pouvoir, et non du système électoral, il entre en lutte, contre toute prudence et toute raison, avec le suffrage universel.

Il ne s'aperçoit pas davantage que ses lois constitutionnelles n'organisent que la République.

Il ne voit pas que la trêve impossible qu'il nous promet ne serait que la continuation d'un provisoire dont personne ne veut plus.

Enfin il affirme sans preuves que la constitution nouvelle durera sept ans.

M. le duc n'a été vraiment heureux que dans la recherche d'une position prépondérante destinée au président de la Chambre haute.

En présence d'un travail aussi important et aussi stérile, qui a été précédé de tant de discours et que tant de discours suivront sans amener de conclusion, on est bien forcé de reconnaître que les gouvernements fondés par les assemblées ne sont pas stables, parce que l'on craint toujours qu'elles ne défassent le lendemain ce qu'elles ont fait la veille.

Dans notre pays et dans notre temps, on ne fondera rien que par l'appel au peuple !

Paris. — Imprimerie Parisienne. — J. Soubie, Impasse Bonne-Nouvelle, 5.

www.ingramcontent.com/pod-product-compliance
Lightning Source LLC
Chambersburg PA
CBHW061614050726
47595CB00007B/2956